Ecos do Leste da República Democrática do Congo: Poemas de uma Terra de Guerra Perpétua.

Marien-Edgard Ngbali BEMI

Published by MarBe, 2024.

ECOS DO LESTE DA REPÚBLICA DEMOCRÁTICA DO CONGO: POEMAS DE UMA TERRA DE GUERRA PERPÉTUA.

First edition. April 6, 2024.

ISBN: 979-8224268719

Written by Marien-Edgard Ngbali BEMI.

Also by Marien-Edgard Ngbali BEMI

Échos de l'Est de la République Démocratique du Congo : Poèmes d'une Terre en Guerre Perpétuelle.
Ecos do Leste da República Democrática do Congo: Poemas de uma Terra de Guerra Perpétua.

Sumário

Ecos do Leste da República Democrática do Congo: Poemas de uma Terra de Guerra Perpétua.

TABELA DE CONTEÚDOS

ECOS DO LESTE DA REPÚBLICA DEMOCRÁTICA DO CONGO: POEMAS DE UMA TERRA DE GUERRA PERPÉTUA.

8. O legado da guerra

As cicatrizes do tempo
Ecos do passado
Tela de amargura
Explosões de esperança
O vislumbre da aurora

9. Luz na escuridão

Fragmentos de Luz
Alvorada de esperança
Brilho de esmeralda
Estrelas Resilientes
Amanhecer ressurgente

10. Vozes de crianças

Vozes extintas
Canções quebradas
Coroação do Espírito Santo
Ladainha Silenciosa
Canção encantada do amanhecer

11. O uso da violência sexual como método de guerra e como estratégia de terror

Feridas multifacetadas
Ecos da dor
A aurora da resiliência
O Jardim dos Sobreviventes
Grito de Injustiça

12. O silêncio cúmplice da comunidade internacional.

ECOS DO LESTE DA REPÚBLICA DEMOCRÁTICA DO CONGO: POEMAS DE UMA TERRA DE GUERRA PERPÉTUA.

13. O paradoxo da RDC: rica e pobre!

DEDICATÓRIA

À sombra de montanhas majestosas e de rios que serpenteiam pela terra, dedico estas palavras àqueles que conheceram o indizível, cujas vidas foram tecidas no tumulto do conflito no leste da República Democrática do Congo. Nesta página, gravamos uma dedicatória imbuída de amor, compaixão e esperança, um símbolo de solidariedade para com as muitas vítimas desta guerra implacável.

A estas mulheres cujos corpos foram palco de uma violência impensável, com cicatrizes invisíveis mas profundas, dedico estes versos como uma oferta de conforto. Que cada poema seja uma carícia reconfortante, uma melodia suave para suavizar a dor e uma chama de esperança para iluminar o caminho da recuperação.

Às crianças, tesouros preciosos da nossa humanidade, arrancadas da sua inocência e obrigadas a suportar o peso das armas ou a trabalhar nas entranhas da terra, dedico estes versos como uma promessa de nunca esquecer. Que estes poemas sejam uma lufada de ar fresco na sua realidade opressiva, uma vela a brilhar na escuridão, anunciando um futuro onde todas as crianças possam sonhar, crescer e florescer.

E a si, Dr. Denis Mukwege, incansável artesão da reparação física e espiritual, presto a minha homenagem. O seu empenho inabalável no Hospital Panzi soa como uma sinfonia de redenção. Em reconhecimento do seu nobre trabalho, dedico-lhe esta colecção, humildemente imbuída do espírito de reparação e da busca de justiça que animam o seu trabalho. Que estas páginas sejam um santuário onde ressoem as vozes dos esquecidos, onde as lágrimas derramadas se tornem pérolas de resiliência e onde a esperança, como uma fénix, renasça das cinzas. Que esta dedicatória seja o prelúdio de uma sinfonia de mudança, uma ode à resistência e uma promessa de nunca deixar de alcançar um futuro onde a paz, a dignidade e o amor prevalecerão.

AGRADECIMENTOS

Os meus mais profundos agradecimentos à minha colega Rita Oliveira, guardiã das nuances da linguagem, professora de Línguas Estrangeiras Modernas na British International School em Istambul. O seu coração bondoso aceitou graciosamente o fardo de revelar os primeiros esboços desta colecção poética.

À mulher que teceu o suave tecido de apoio, minha musa silenciosa e cúmplice, dedico estas palavras imbuídas de gratidão. Şirin Akbayır Bemi, luz suave nas horas escuras da criação, tu és a trama que envolve os meus pensamentos solitários e dá vida às minhas palavras.

Nos meandros do meu escritório, onde as horas se estendem como rios sem fim, és o porto onde o meu navio encontra refúgio. O teu apoio, como uma brisa suave, dissipa as nuvens de dúvida que por vezes escurecem o meu céu criativo. És a musa que dança ao ritmo das minhas palavras, uma dança silenciosa mas infinitamente harmoniosa.

Quando os pensamentos correm pelo tumulto da minha mente, tu és a mão estendida que guia as minhas ideias para horizontes claros. A tua compreensão compassiva é o espelho onde se reflectem as minhas aspirações, e o teu amor é a tinta que dá cor às minhas páginas.

Em cada momento solitário, em cada noite em que me afundo na escuridão da criação, tu estás lá, em espírito, em alma. O teu encorajamento soa como uma melodia reconfortante, uma sinfonia que acompanha as minhas palavras e dá vida aos meus sonhos.

A ti, Şirin, companheira da sombra e do dia, dedico esta página de agradecimento como uma humilde oferenda. Que estas palavras sejam as pétalas de uma rosa. Cada palavra, uma expressão da minha infinita

ECOS DO LESTE DA REPÚBLICA DEMOCRÁTICA DO CONGO: POEMAS DE UMA TERRA DE GUERRA PERPÉTUA.

gratidão. Obrigado por serdes a pedra angular sobre a qual este mundo de poesia é construído, obrigado por seres a inspiração que alimenta a chama da minha criatividade.

INTRODUÇÃO

Bem-vindos a uma viagem poética pelas voltas e reviravoltas de cortar o coração do leste da República Democrática do Congo, uma região onde os ecos do conflito perpétuo ressoam em cada beco, cada vale e cada coração. "Ecos do Leste da República Democrática do Congo: Poemas de uma Terra de Guerra Perpétua" é muito mais do que uma colectânea de poemas; é uma viagem emocional através de 13 capítulos, cada qual revelando uma faceta pungente da complexa realidade desta terra maltratada.

No primeiro capítulo, "A Dor do Conflito", os versos abrem-se como feridas abertas, expondo as cicatrizes invisíveis deixadas por décadas de violência. A resiliência emerge então, como uma força inabalável, em "A Resiliência das Almas", onde cada poema testemunha a capacidade humana de perseverar mesmo no meio das provações mais sombrias.

A própria natureza, outrora exuberante e vibrante, é explorada em "A Natureza Ferida", revelando as cicatrizes da guerra gravadas no solo e no céu. "Esperança frágil" capta a essência da vida quotidiana no meio da incerteza, enquanto a esperança tenta florescer apesar das nuvens ameaçadoras.

Através de "Vozes das crianças", ressoam risos perdidos e canções interrompidas, criando uma sinfonia de inocência perdida. Enquanto que "A utilização da violência sexual como método de guerra e estratégia de terror" explora as sombras desoladoras de uma realidade demasiadas vezes relegada para a sombra.

Esta colectânea transcende os limites da poesia convencional, mergulhando em temas sociais e políticos complexos, ao mesmo tempo que oferece um vislumbre de esperança através de "A procura da paz" e "Luz na escuridão". "O paradoxo da RDC: É rica e pobre" encerra esta viagem, revelando as contradições de uma terra de abundantes riquezas e infinitas tristezas.

Cada capítulo é uma tela cuidadosamente tecida. Cada poema, uma nuance na paleta emocional desta terra sofredora. Prepare-se para ser arrastado numa sinfonia de palavras, onde cada verso ressoa como um eco profundo, convidando o leitor a sentir, a compreender e, acima de tudo, a agir. Bem-vindo a um mundo onde a poesia se torna o grito silencioso de uma comunidade esquecida, onde cada palavra carrega o peso da verdade e da esperança.

1. A Dor do Conflito

Ecos do sofrimento

Ao longe, os ecos da dor reverberam,
Sob o céu magoado, a terra geme em lágrimas.
Lágrimas das árvores banham o chão cheio de cicatrizes,
Testemunhas mudas de uma guerra que não tem fim.
Os gritos das crianças perdem-se no vento,
O seu riso abafado pelo tumulto demente.
Os olhos das mães explodem de angústia,
Histórias de vida são escritas na página escarlate.
Soldados perdidos num campo de desolação,
As suas almas despedaçadas por esta colheita cruel.
Feridas invisíveis sangram em silêncio,
A dor do conflito, uma evidência sombria.
Os pássaros já não cantam, o céu é sombrio,
A paisagem se transforma num triste quadro de prosa.
Os rios carregam o peso de segredos não ditos,
As ondas sussurram histórias de dias passados.
O que resta quando a paz é eclipsada?
Quando a dor do conflito se torna eclipse?
Uma tímida esperança nos olhos dos sobreviventes,
A canção das almas, uma melodia pungente.

Fragmentos de dor

No coração da noite, a escuridão se revela,
Explosões de dor, feridas que jorram.
Gritos abafados por paredes curadas,
O conflito persiste, cruel e sem sentido.
As ruas ecoam com passos incertos,
As sombras dos transeuntes, testemunhas da tristeza.
Edifícios rasgados, silhuetas mutiladas,
Carregam as cicatrizes de vidas apagadas.
Lágrimas de viúvas, pérolas de injustiça,
Gotejando lentamente, tragédia em seu rastro.
Sonhos rasgados, como páginas queimadas,
A dor do conflito, um poema negligenciado.
No silêncio, os ecos do sofrimento
Ressoam em harmonia com a decadência.
Os céus, testemunhas impassíveis deste drama,
Carregam o fardo de uma humanidade chorosa.
Os pássaros, mensageiros de uma época passada,
Cantam melodias de excedente.
As fronteiras da tristeza estendem-se até ao infinito,
A dor do conflito, um vislumbre do esquecimento.
Sob o peso das estrelas, o mundo geme,
Cicatrizes profundas, a alma retira-se.
Para além das palavras, um lamento universal,
A dor do conflito, um eco eterno.

Campos de dor

Sob o céu cinzento, campos de dor,
Onde gritos, lágrimas e horas se misturam.
A terra, testemunha silenciosa de batalhas sem sentido,

Carrega no seu seio o peso de vidas apagadas.
Corações feridos, almas em desordem,
O conflito persiste, implacável.
As sombras dos soldados dançam no chão,
As suas silhuetas são ecos de uma escura revelação.
As colinas ressoam com ecos do passado,
Histórias de homens e mulheres solitários.
Os rios sussurram segredos não partilhados,
Memórias que flutuam, como velas gastas.
As ruínas são testemunhas de um outro tempo,
Quando a paz reinava, tão doce como a primavera.
As cicatrizes nos edifícios contam a história,
A dor do conflito, uma ferida notória.
Os cantos dos pássaros, melodias silenciosas,
O luto de uma terra em declínio.
As crianças brincam entre os escombros,
O seu riso abafado brilha nas sombras.
Neste quadro sombrio, um lampejo de luz,
Uma esperança frágil em cada olhar.
A dor do conflito, uma poesia perturbada,
Nestas terras destruídas, o amor aguarda.

Reflexos da agonia

Sob o céu extinto, a dor toma forma,
Reflexos de agonia, sombras em ruínas.
As montanhas têm cicatrizes profundas,
Cicatrizes de um passado onde o horror abunda.
Os soldados estão exaustos, com cicatrizes de batalha,
Os seus olhares vazios são um triste epitáfio.
As estrelas, testemunhas silenciosas desta tragédia,

ECOS DO LESTE DA REPÚBLICA DEMOCRÁTICA DO CONGO: POEMAS DE UMA TERRA DE GUERRA PERPÉTUA.

Brilham na noite, guardiãs do infinito.
As ruas estreitas sussurram ecos,
Memórias desoladoras, gritos no caos.
Os gritos das viúvas ressoam como um lamento,
A dor do conflito, uma melodia tilintante.
Os campos, outrora férteis e vibrantes,
Agora carregam o peso do desgosto.
Flores murchas dançam ao vento,
O seu perfume é um adeus atormentado.
Crianças desenham em páginas sujas,
Os seus sonhos, miragens numa realidade desgastada.
A dor do conflito, uma tapeçaria rasgada,
Promessas quebradas, como ondas perdidas.
No coração da escuridão, uma luz tremeluzente,
A esperança agarra-se como uma folha frágil.
A dor do conflito, um poema sem rima,
Nestas terras devastadas, um abraço sublime.

Explosões de esperança

Sob o peso do silêncio, a dor espalha-se,
Fragmentos de agonia, gritos suspensos no vento.
Os rios, testemunhas das lágrimas das estrelas,
Cantam uma balada triste por terras hostis.
Árvores nuas, sentinelas da dor,
Seus galhos se dobram sob o peso do destino.
As cicatrizes no chão, marcas indeléveis,
A dor do conflito, um poema indescritível.
Casas abandonadas, ecos de um outro tempo,
As paredes carregam as histórias de dias devoradores.
Rostos marcados por noites sem dormir,

MARIEN-EDGARD NGBALI BEMI

As cicatrizes da guerra, páginas de luto.
Fragilidades nos olhos das crianças,
Fagulhas de esperança, uma dança tranquila.
A dor do conflito, uma sombra que se desvanece,
Perante a força dos corações, uma luz fugaz.
As estrelas, fragmentos de um céu apaziguador,
Brilhando acima, testemunhas benevolentes.
O canto dos pássaros, uma sinfonia reconfortante,
A dor do conflito, uma melodia tremeluzente.
No oco da noite, um abraço de união,
As almas erguem-se de novo, desafiando as probabilidades.
A dor do conflito, um capítulo passado,
Sonhos renascidos, um amanhecer individual.

2. A Resiliência das Almas

O renascimento das almas

Sob o peso de céus atormentados,
Almas emergem, vidas reinventadas.
Cicatrizes profundas, mas corações de pé,
A resiliência tece o seu fio, suave como um sussurro.
Nas profundezas das feridas, o vislumbre de um sorriso,
As almas erguem-se de novo, recusando-se a deixar-se destruir.
As sombras do passado desvanecem-se lentamente,
A luz da resiliência ilumina cada momento.
Os campos de ruína tornam-se terreno fértil,
Os sonhos erguem-se como fénix.
Os rostos marcados pelas tempestades do passado,
Vestem o orgulho de um renascimento bem merecido.
As paredes que outrora testemunharam a dor
São transformadas em frescos de vida restaurada.
Rios, símbolos do fluxo do tempo,
Cantam os louvores das almas que se erguem apesar dos tormentos.
No silêncio, ressoa uma sinfonia de resistência,
As estrelas aplaudem esse sublime renascimento.
A dor do passado, uma tela sobre a qual pintar,
As cores da resiliência, um hino ao abraço da esperança.
E assim as almas florescem, como um jardim em flor,
A sua força, um testemunho vibrante de uma bela redenção.
Resiliência, uma estrela cadente na noite,

Guiando as almas para um futuro infinitamente mais rico.

Fragmentos de esperança

No meio do tumulto, na sombra da dor,
Brilhando nas almas, lampejos de felicidade.
Soldados da vida quotidiana, contra todas as probabilidades,
A resiliência guia o seu destino, apesar das tempestades do passado.
Seus olhos desgastados pelo peso da batalha,
Usam a sabedoria de uma vontade brilhante.
Nas trincheiras do desespero, uma flor brota,
Resiliência perene, como uma explosão de calor.
Mãos que outrora seguraram armas, forjam-nas hoje,
Pontes entre corações, sonhos que florescem.
As feridas do passado, cicatrizes orgulhosas,
Resiliência, uma força que transcende fronteiras.
As ruínas de ontem tornam-se alicerces sólidos,
Sonhos reconstruídos, vidas sem medo.
As estrelas aplaudem estas almas valentes,
Resiliência, um épico eterno, uma história vibrante.
Através da guerra, da adversidade e da noite,
Surgem explosões de esperança e almas sorridentes.
Resiliência, uma melodia no silêncio,
Contando a vitória das almas sobre o sofrimento.

Renascimento das cinzas

Nas cinzas, as almas emergem,
Fénix renascidas, vidas em canção.
Apesar do tumulto, da guerra, do tumulto,
A resiliência dança, uma melodia requintada.

ECOS DO LESTE DA REPÚBLICA DEMOCRÁTICA DO CONGO: POEMAS DE UMA TERRA DE GUERRA PERPÉTUA.

Os olhos, testemunhas de noites sem estrelas,
Usam o brilho de uma luz que revela.
Olhares pesados de memórias desbotadas,
A resiliência esculpe um futuro de paz.
Mãos que conheceram a frieza do aço,
Agora tecem histórias, laços sagrados.
As cicatrizes, páginas de um livro recitam,
Resiliência, uma sinfonia onde os corações meditam.
As casas destruídas, fragmentos do passado,
Reconstruídas com amor, força redescoberta.
Sonhos dispersos, estrelas desunidas,
A resiliência as reúne, uma constelação infinita.
Nos caminhos do renascimento, os passos ecoam,
Explosões de esperança, horizontes trémulos.
A dor do conflito, um prólogo esquecido,
Resiliência, uma história onde o futuro é forjado.

Rajadas de esperança

Sob as estrelas que carregam o peso do luto,
As almas erguem-se, a resiliência espuma.
Os guerreiros das sombras, fragmentos de esperança,
Em seus olhos, brilha a promessa de renascimento.
As lágrimas das noites angustiadas, pérolas salgadas,
Secam pela manhã, deixando traços que foram apagados.
Os corações pesados tornam-se fortalezas,
Resiliência, o arquitecto de uma vida alegre.
No meio dos escombros, renascem os sonhos,
Os alicerces do futuro, promessas que acariciamos.
Mãos que carregam fardos demasiado pesados,
Tecem horizontes suaves.

As silhuetas dos transeuntes, sombras dançantes,
Um ballet de redenção, uma valsa que avança.
A dor gravada em testas ainda jovens,
A resiliência esculpe sorrisos na névoa.
O canto dos pássaros, uma sinfonia de esperança,
A melodia da resiliência, um eco a ser ouvido.
Através das provações, histórias a serem reescritas,
Almas abertas para o futuro, para serem reconstruídas.
Na noite escura, uma luz persiste,
Resiliência, um fogo que nunca se apaga.
Cicatrizes, marcas orgulhosas na pele,
Vidas que florescem de novo, explosões de renovação.

Em direcção à luz

No coração da escuridão, almas se erguem,
Sombras forjadas na bigorna da angústia.
A guerra foi violenta, mas não apagada,
O brilho interior que se recusa a dobrar.
Nos olhos, flashes de uma estrela resoluta,
As cicatrizes do passado, marcas que falam cruamente.
Estradas devastadas, caminhos a serem reconstruídos,
Resiliência, uma bússola para o futuro.
Mãos que conheceram o frio das correntes,
Agora abrem portas, abolindo tristezas.
Corações que batiam ao ritmo da batalha,
Agora ressoam em uníssono com um novo passo.
Memórias de horror, sonhos desfeitos,
São ecos distantes na noite calma.
As janelas da alma se abrem para a claridade,
Resiliência, uma estrela que guia o destino.

ECOS DO LESTE DA REPÚBLICA DEMOCRÁTICA DO CONGO: POEMAS DE UMA TERRA DE GUERRA PERPÉTUA.

Rios de lágrimas tornam-se riachos de esperança,
Crianças, outrora silenciosas, começam a rir novamente.
A dor do passado, uma tela a ser rasgada,
A resiliência, um poema vivo a ser escrito.
Em direcção à luz, as almas avançam com fé,
Recolhendo os cacos de um novo começo, uma alegria.
A guerra deixou cicatrizes, mas também lições,
Resiliência, uma sinfonia de renascimento.

3. Natureza ferida

Ecos silenciosos

Sob um céu ferido, a natureza chora em silêncio,
Ecos silenciosos, gritos na imensa sombra.
Árvores nuas, testemunhas mudas do conflito,
Suas folhas levadas pelos ventos, um último conto.
Os rios, outrora límpidos, sussurram lamentos,
Carregados de segredos, a dor agora abraçada.
Os peixes, outrora dançarinos em águas límpidas,
Agora nadam em lágrimas tingidas de ácido.
As colinas, outrora adornadas de verdura,
São agora extensões de desconforto.
Os campos de batalha sufocaram os prados,
Biodiversidade, uma sinfonia que ficou muda.
No céu, os pássaros perderam o seu canto,
As suas asas roçam os céus tingidos de tormento.
Os gritos dos animais, ecos de uma vida desaparecida,
A natureza ferida, uma ferida que não podemos esconder.
Flores, pétalas murchas sob as botas da guerra,
Os seus perfumes perdidos nos ventos da miséria.
Paisagens rasgadas, uma tela em desordem,
A guerra deixou a sua marca, o seu triste eco.
No meio desta desolação, um apelo à reparação,
Para curar as feridas da natureza, há uma necessidade de inspiração.
Que os ecos silenciosos se tornem uma sinfonia,

Que a natureza ferida recupere a sua harmonia.

Espuma da Desolação

Sob o véu escuro das nuvens de guerra,
A natureza chora, a sua dor é um mar.
As árvores, outrora orgulhosas, curvam-se sob o peso da dor,
Os seus ramos nus, choram pela manhã.
As montanhas, sentinelas da tranquilidade,
Agora têm estigmas, feridas ásperas.
Os ecos dos rios, um lamento perdido,
As ondas da desolação estendem-se, eternas e nuas.
Os campos, outrora tapetes de cores vivas,
Transformaram-se em telas onde a tristeza se arrasta.
A biodiversidade, jóia da vida harmoniosa,
Desvanece-se silenciosamente, uma luz que se apaga.
No céu, os pássaros procuram céus livres,
Seus cantos abafados por céus de libertação.
Os animais, outrora guardiões do equilíbrio
Agora vagueiam em terras sem construção.
As estrelas olham, mudas e impotentes,
A terra devastada, uma teia persistente de agonia.
O que resta do esplendor de um mundo esquecido?
La nature blessée, uma obra cujo título é para chorar.
Sob esta espuma de desolação, uma promessa,
Que os dias que virão sejam cheios de sabedoria.
Que a natureza ferida, pela mão da humanidade,
Recupere o seu esplendor, a sua dignidade restaurada.

Sinfonia quebrada

Sob o tumulto dos tiros de canhão, a natureza cala-se,
Uma sinfonia quebrada, notas repetidas de luto.
As árvores, outrora dançarinas ao ritmo do vento,
Agora curvam-se sob o peso do tormento.
Os vales, impressos com uma tranquilidade esquecida,
Antes da devastação, uma beleza sacrificada.
Os rios, testemunhas de lágrimas e gritos,
As suas águas transportam mágoas, ecos infinitos.
Os campos de batalha, telas escarlates,
A biodiversidade desvanece-se, uma tragédia palpável.
Flores, pétalas murchas por ventos de chumbo,
A terra sangra cor, um Éden sucumbente.
Pássaros, mensageiros da natureza em perigo,
Os seus cantos abafados pela fúria da agressão.
Animais, outrora reis da natureza selvagem,
Agora vagueiam em desertos sem brilho.
Sob o céu despedaçado, a natureza chora em silêncio,
A sua voz abafada pela guerra, uma sentença cruel.
O que resta desta sinfonia encantada?
Natureza ferida, uma partitura rasgada.
Para além das cicatrizes, uma esperança tímida emerge,
Que a natureza possa redescobrir a sua canção sagrada.
Que a humanidade, consciente da sua responsabilidade,
Cure essa ferida e restaure a beleza.

Lamentações verdes

A natureza chora sob o céu rasgado,
As árvores arrancadas, o seu brilho apagado.
As montanhas, testemunhas silenciosas do desastre,

ECOS DO LESTE DA REPÚBLICA DEMOCRÁTICA DO CONGO: POEMAS DE UMA TERRA DE GUERRA PERPÉTUA.

Com cicatrizes, rugas de tristeza.
Os rios, outrora carícias cristalinas,
Agora correm em leitos de angústia.
Suas ondas carregadas de memórias assassinas,
As ondas carregam o eco da natureza em aflição.
Os vales, outrora berço da biodiversidade,
estão silenciosos perante o eco de uma guerra sem sentido.
Os cantos dos pássaros, outrora uma sinfonia de harmonia,
Calaram-se, abafados pela desarmonia.
Os campos, tapetes de flores extintas,
Os animais vagueiam, almas em lamento.
A natureza ferida, uma obra em repouso,
As lágrimas da Terra, pérolas de desprezo.
As estrelas, luzes nocturnas numa noite ferida,
Contemplam um mundo cuja beleza fugiu.
Que resta do brilho das manhãs douradas?
A natureza ferida, um quadro desolado.
Nesta tragédia ecológica, uma voz ressoa,
O pedido de reparação, para que a natureza seja restaurada.
Que a humanidade, guardiã desta terra ferida,
Una-se para curar as feridas e devolver-lhe a vida.

Réquiem da Terra

Sob o véu da noite, a natureza chora,
Estrelas escurecidas, ecos de dor.
As florestas, antigos templos da biodiversidade,
Definham sob o peso de uma guerra impiedosa.
Os vales, outrora jardins de vida florescente,
Agora choram a perda da natureza.
Os rios, lágrimas da terra, sussurram as suas despedidas,

As suas ondas trazem ecos de destinos infelizes.
Os céus, testemunhas da destruição desencadeada,
Observam impotentes as cenas de desolação.
Os campos de batalha, telas de pintura sombria,
A biodiversidade chora, uma epopeia em desalento.
As aves, outrora melodiosas, perderam o seu canto,
Os animais vagueiam por terras sem graça.
A natureza ferida, um poema cujos versos se quebram,
As lágrimas da Terra, uma sinfonia gemendo.
Que ressoe este réquiem pela vida extinta,
Que a humanidade ouça, que o seu coração se extinga.
Nas cinzas da natureza, um brilho persiste,
Uma chamada para a redenção, para a terra que atendemos.

4. Frágil esperança

Fragmentos da Aurora

Sob a copa das árvores escuras, surgem lampejos de alvorada,
Tímidos lampejos de esperança.
No coração da escuridão, um abraço subtil,
As estrelas curvam-se a este brilho hábil.
Mãos entrelaçadas na noite rasgada,
Fagulhas de esperança, promessas a semear.
Corações unidos, apesar das feridas do tempo,
Tecendo laços sólidos, emergindo arco-íris.
Vislumbres de calor em olhares trocados,
Ecos de compaixão, um fervor gentil.
No meio da tragédia, uma solidariedade emergente,
Mãos estendidas, sussurros reconfortantes.
Sorrisos, pétalas delicadas na noite escura,
Fragmentos de humanidade, doçura que escurece as sombras.
Abraços, remédios para a angústia,
Momentos de luz na escuridão premente.
Que esses lampejos da aurora, como pérolas de orvalho,
Iluminem a esperança em cada futuro abraçado.
Na escuridão, uma frágil sinfonia,
Onde a humanidade compõe uma dócil balada.

Reflexos da esperança

Nas profundezas da noite, reflexos de esperança,
Estrelas tímidas, uma gentil benevolência.
Os céus, testemunhas de uma tragédia persistente,
Brilham, oferecendo vislumbres de paz.
Mãos que se procuram na densa escuridão,
Fragmentos de esperança, uma teia de resiliência.
Ombros tensos, fardos partilhados,
Fragmentos de solidariedade, laços forjados.
Lágrimas misturadas, gotas de fraternidade,
Fragmentos de compaixão, uma chuva de generosidade.
Olhares que se encontram no silêncio pesado,
Explosões de amor, pontes sobre o abismo do discurso.
Sorrisos, pétalas na noite opressiva,
Fragmentos de humanidade, uma suave resistência.
Abraços, remédios para a angústia,
Explosões de calor na escuridão fria e premente.
Reflexos de esperança, como estrelas cadentes,
Iluminam a escuridão de cada destino merecedor.
Em cada sofrimento, uma frágil centelha,
Onde a esperança floresce, suave como uma sombra fugaz.

Estrelas efémeras

Sob o manto escuro da noite eterna,
Estrelas efémeras, brilhos de esperança rebelde.
No coração da escuridão, frágeis constelações,
Fragmentos de sonhos, estrelas no exílio.
Mãos estendidas na escuridão sem fim,
Fragmentos de ajuda mútua, fios finos de amor.
Ombros que carregam o fardo do destino,

Fragmentos de solidariedade, pilares de cetim.
Lágrimas entrelaçadas, pérolas de humanidade,
Fragmentos de compaixão, uma chuva de generosidade.
Vislumbres do mesmo horizonte,
Fragmentos de unidade, lampejos da mesma paixão.
Sorrisos, lampejos de luz na névoa,
Estrelas cadentes, momentos em que a alma se ilumina.
Abraços, remédios para a angústia,
Explosões de calor na escuridão fria e premente.
Que estas estrelas efémeras, como diamantes,
Iluminem o céu escuro de cada momento.
Na escuridão, uma sinfonia frágil,
Onde a esperança dança, leve como uma dócil pluma.

Fragmentos de luz

Na noite profunda, fragmentos de luz,
Estrelas incipientes, pérolas efémeras.
No coração da escuridão, um brilho tímido,
Sonhos cintilantes, promessas inscritas.
Mãos que se juntam na sombra densa,
Fragmentos de solidariedade, uma suave ressonância.
Corações abertos apesar do peso do silêncio,
Explosões de compaixão, uma presença delicada.
Lágrimas que se acumulam, reflexos de uma dor partilhada,
Fragmentos de fraternidade, uma chuva de humanidade.
Olhares que se encontram na noite profunda,
Estouros de apoio, estrelas que abundam.
Sorrisos, arco-íris na escuridão,
Cacos de ternura, cores no meio da desgraça.
Abraços, remédios para a angústia,

Explosões de calor na escuridão fria e premente.
Que esses lampejos de luz, como estrelas cadentes,
Iluminem a escuridão de cada destino merecedor.
Em cada tristeza, uma frágil centelha,
Onde a esperança persiste, como uma brisa suave.

Canção do amanhecer

Sob o manto da noite, uma aurora há muito esperada,
Estrelas desvanecem-se, outras nascem em aflição.
No coração da escuridão, um brilho suspenso,
Uma canção de alvorada, promessas reveladas a nu.
Mãos entrelaçadas em delicadas sombras,
Fragmentos de amor, fitas infinitamente tecidas.
Ombros tensos na dor partilhada,
Fragmentos de solidariedade, pilares de força.
Lágrimas perdidas no mar da tristeza,
Fragmentos de compaixão, ondas de ternura.
Olhares que se encontram à meia-luz,
Fragmentos de humanidade, faíscas sem sombra.
Sorrisos, rajadas de luz no crepúsculo,
Fragmentos de esperança, raios de uma pequena aurora.
Abraços, remédios para a angústia,
Explosões de calor na escuridão fria e premente.
Que esta canção do amanhecer, como uma melodia celestial,
Ilumine as almas, cure cada gesto.
Na escuridão, uma sinfonia frágil,
Onde a esperança sussurra, suave como uma pena dócil.

5. Testemunhos silenciosos

Ecos do silêncio

Nas sombras discretas, testemunhos sem voz,
Silêncios falam, histórias que não acreditamos.
Os corações ecoam, vidas apagadas,
Testemunhos silenciosos na noite ardente.
Mãos trémulas contam a história,
Cicatrizes profundas, sombras sem memória.
Olhos que reflectem tormentos enterrados,
Testemunhos silenciosos, gritos no frio.
Passos pesados em caminhos esquecidos,
Pegadas apagadas por ventos atormentados.
Sussurros abafados por muros de dor,
Testemunhos silenciosos, ecos sem luz.
Sorrisos desbotados, pétalas na névoa,
Sonhos abafados, vidas que se iluminam.
Vozes perdidas no tumulto do tempo,
Testemunhos silenciosos, canções no vazio.
Que estes ecos de silêncio ressoem no ar,
Que os testemunhos esquecidos sejam finalmente ouvidos.
Em cada silêncio, uma frágil verdade,
Histórias gravadas, testemunhos que revelam.

Lágrimas inocentes

Sob o peso do silêncio, os testemunhos desvanecem-se,
Vidas esquecidas, ecos no espaço.
Mãos inocentes que procuram o esquecimento,
Testemunhos silenciosos, destinos magoados.
Olhos de crianças, janelas da inocência,
Lágrimas silenciosas, explosões de transparência.
Risos abafados por muros de dor,
Testemunhos silenciosos, gritos no torpor.
Passos leves em caminhos de abandono,
Memórias desbotadas, pegadas sem nome.
Vozes abafadas por ventos de tristeza,
Testemunhos silenciosos, ecos de angústia.
Sorrisos congelados em rostos demasiado jovens,
Esperanças desvanecidas, sonhos acelerados.
Sussurros esquecidos no tumulto do tempo,
Testemunhos silenciosos, canções no vazio.
Que estas lágrimas de inocência despertem a indiferença,
Que os testemunhos esquecidos encontrem a sua ressonância.
Em cada silêncio, uma verdade frágil,
Histórias gravadas, testemunhos que revelam.

Ecos esquecidos

Sob a sombra persistente, ecos esquecidos,
Testemunhos silenciosos, gritos abafados.
Mãos calejadas carregando o peso do esquecimento,
Vidas apagadas, histórias contadas na noite infinita.
Olhos que contam histórias sem palavras,
Olhares extintos, dor desaparecida.
Cicatrizes silenciosas gravadas na carne,

Testemunhos silenciosos, dor a ser silenciada.

Passos hesitantes em caminhos apagados,

Memórias perdidas, vestígios apagados.

Sussurros abafados pelo vento da solidão,

Testemunhos silenciosos, ecos de certezas.

Sorrisos tímidos em rostos cansados,

Esperanças corroídas, sonhos naufragados.

Vozes abafadas por muros de indiferença,

Testemunhos silenciosos, explosões de ressonância.

Que estes ecos esquecidos despertem a memória,

Que estes testemunhos reencontrem a sua história.

Em cada silêncio, uma verdade frágil,

Histórias gravadas, testemunhos que revelam.

Fragmentos de ausência

No silêncio ensurdecedor, testemunhos silenciosos,

Cacos de ausência, vidas sem reflexo.

Mãos que procuram conforto nas sombras,

Testemunhos silenciosos, ecos de remorso.

Olhos apagados, janelas em horizontes desaparecidos,

Lágrimas retidas, memórias enterradas.

Olhares que atravessam as sombras do seu passado,

Testemunhos silenciosos, histórias ultrapassadas.

Passos leves em caminhos esquecidos,

Pegadas apagadas por ventos de preocupação.

Vozes perdidas na imensidão do silêncio,

Testemunhos silenciosos, murmúrios na ausência.

Sorrisos desbotados em rostos cansados,

Esperanças que se desvanecem, sonhos que se afundam.

Abraços, remédios para a solidão,

Testemunhos silenciosos, explosões de ansiedade.
Que estas explosões de ausência ressoem no meio da indiferença,
Que os testemunhos esquecidos encontrem a sua recompensa.
Em cada silêncio, uma verdade frágil,
Histórias gravadas, testemunhos que revelam.

Cacos de eternidade

Sob o véu do silêncio, testemunhos de eternidade,
Cacos de almas, histórias escondidas.
Mãos trémulas carregando o peso da história,
Vidas apagadas, testemunhos sem glória.
Olhos que trazem cicatrizes indeléveis,
Olhares que falam de dor indizível.
Estrelas apagadas no céu da sua memória,
Testemunhos silenciosos, ecos de esperança.
Passos hesitantes em caminhos esquecidos,
Pegadas de amor escondidas nas sombras.
Sussurros abafados por ventos de incompreensão,
Testemunhos silenciosos, palavras retidas.
Sorrisos perdidos em rostos cansados,
Lampejos de humanidade num mundo desiludido.
Abraços, remédios para a solidão infinita,
Testemunhos silenciosos, explosões de vida.
Que estes fragmentos de eternidade ressoem no vazio,
Que os testemunhos esquecidos encontrem um novo impulso.
Em cada silêncio, uma verdade frágil,
Histórias gravadas, testemunhos que revelam.

6. A busca da paz

Harmonia do amanhecer

Nas profundezas do coração humano, uma busca ardente,
Uma aspiração universal, a essência de uma paz que amanhece.
Os raios da aurora dançam nos sonhos,
A busca pela paz, um suave sussurro que se eleva.
As montanhas erguem-se como sentinelas da esperança,
Do céu para a terra, uma sinfonia sem infortúnios.
Os rios sussurram canções de união,
A busca da paz, um fluxo que liberta a mente.
Mãos que se estendem, pontes sobre abismos,
Abraços que curam cicatrizes íntimas.
Olhares trocados, janelas para a fraternidade,
A busca da paz, uma tela tecida de serenidade.
As árvores estendem os seus ramos num gesto de alegria,
As folhas de oliveira dançam, símbolo de ternura.
Os pássaros, mensageiros da tranquilidade,
A busca da paz, uma melodia na altitude.
Que a harmonia da aurora guie os nossos passos,
Que a busca da paz seja a nossa bússola.
Em cada ato, cada palavra, um vislumbre sábio,
A busca da paz, um legado para cada época.

Brilhos de Equilíbrio

Para além dos horizontes, uma busca infinita,
A alma anseia pela paz, um sonho que cresce.
Fragmentos de equilíbrio no tumulto do mundo,
A busca da paz, um estandarte que se lança.
As montanhas, testemunhas de uma história turbulenta,
Cumes a escalar para que a paz brilhe.
Os vales, buracos a serem preenchidos com harmonia,
A busca da paz, um sussurro no infinito.
Dar as mãos, uma sinfonia de solidariedade,
Alianças forjadas para uma paz partilhada.
Olhos que convergem para o horizonte sereno,
A busca da paz, uma viagem sem fim.
Rios sinuosos, guias para a busca interior,
Correntes de empatia para uma paz salvadora.
As árvores são testemunhas de pactos tecidos em silêncio,
A busca da paz, uma dança na existência.
Que estes fragmentos de equilíbrio ressoem como ecos,
Que a busca pela paz seja um juramento eterno.
Em cada batida do coração, uma promessa sábia,
A busca pela paz, uma estrela em cada costa.

Canção da Serenidade

No vasto silêncio, a busca toma forma,
Um apelo universal, paz no caminho.
Ecos de serenidade cruzam o horizonte,
A busca pela paz, uma sinfonia derretida.
As montanhas são coroadas com um manto de clareza,
Cumes a escalar para alcançar a unidade.
Os vales, cadinhos de compreensão,

ECOS DO LESTE DA REPÚBLICA DEMOCRÁTICA DO CONGO: POEMAS DE UMA TERRA DE GUERRA PERPÉTUA.

A busca da paz, um sopro de elevação.
Mãos que se abrem, pontes para o desconhecido,
Gestos que forjam laços de acolhimento.
Olhos que convergem para o mesmo objectivo,
A busca da paz, uma estrela no fluxo.
Rios que murmuram melodias de harmonia,
Correntes de compreensão que fluem para além das suas margens.
As árvores estendem os seus ramos em oração,
A busca da paz, uma dança de luz.
Que esta canção de serenidade ressoe dentro de nós,
Que a busca da paz seja um voto ajoelhado.
Em cada momento, em cada pensamento sábio,
A busca da paz, uma jornada sem idade.

Um vislumbre de esperança

No firmamento do coração, uma busca infinita,
A aspiração universal, uma paz que está a despontar.
Fragmentos de humanidade perfuram a escuridão,
A busca da paz, um lampejo nas sombras escuras.
As montanhas, sentinelas da grandeza,
Cumes para alcançar a paz interior.
Os vales, buracos a serem preenchidos com fraternidade,
A busca da paz, uma promessa de claridade.
Mãos estendidas, gestos de aliança,
Abraços que forjam a força da confiança.
Olhos que convergem num horizonte calmo,
A busca da paz, uma estrela no bálsamo.
Rios murmurando canções de perdão,
Correntes de aceitação para uma paz derretida.
As árvores são testemunhas de promessas no silêncio,

A busca da paz, uma dança de benevolência.
Que este vislumbre de esperança guie os nossos passos,
Que a busca da paz seja a nossa bússola eterna.
Em cada batida, uma nota de sabedoria,
A busca da paz, uma melodia de delicadeza.

Odisseia da Harmonia

No meio do infinito, uma busca em movimento,
A odisseia universal, a paz em ressonância.
Fragmentos de harmonia no firmamento do destino,
A busca da paz, uma luz que se extingue.
Montanhas se erguem, muralhas de fraternidade,
Cumes a escalar para a eterna claridade.
Os vales, vazios a preencher com solidariedade,
A busca da paz, uma promessa de felicidade.
Mãos que se encontram, cruzamentos de esperança,
Abraços que transcendem o medo do escuro.
Olhos que convergem para horizontes serenos,
A busca da paz, uma jornada sem fim.
Rios cantam hinos de união,
Correntes de compreensão para uma paz cantada.
Árvores, guardiãs de promessas silenciosas,
A busca da paz, uma dança preciosa.
Que esta odisseia de harmonia guie os nossos sonhos,
Que a busca da paz ressoe como um eco.
Em cada centelha de vida, uma estrela sábia,
A busca da paz, uma odisseia eterna a partilhar.

7. Amor nas trincheiras

Farpas de amor na tempestade

Nas trincheiras, onde o trovão ressoa,
Fragmentos de amor, um brilho que abunda.
No coração da tempestade, laços que resistem,
Amor, uma chama que persiste na escuridão.
Palavras doces, como pétalas ao vento,
Promessas sussurradas, juramentos em movimento.
Olhares, estrelas na noite cruel,
Amor, uma bússola na escuridão rebelde.
Mãos que se procuram no meio do caos,
Abraços que desafiam o destino sombrio.
Risos, ecos na guerra,
Amor, uma doce melodia no meio do inferno.
Cartas de amor, tesouros em nossas mãos,
Palavras tecidas com esperança, fragmentos de cetim.
Memórias partilhadas, pérolas na lama,
Amor, um oásis no meio do deserto do jogo.
Que estes cacos de amor sejam estrelas cadentes,
Que o amor nas trincheiras permaneça uma chama viva.
Em cada batida do coração, uma resistência sábia,
O amor, uma força que desafia a história e a ultraja.

Uma melodia de amor sob fogo

Sob o crepitar das armas, uma melodia discreta,
O amor, uma sinfonia resistente, uma doce conquista.
No coração das trincheiras, juramentos sussurrados,
Explosões de amor, notas na escuridão.
Abraços furtivos, um ballet na poeira,
Sussurros ardentes, promessas ao contrário.
Olhares de cumplicidade, estrelas no firmamento,
Amor, uma constante apesar da tempestade.
Cartas de amor, tesouros escondidos sob o uniforme,
Palavras como carícias, um abraço reconfortante.
Memórias gravadas, jóias no caos,
O amor, um lampejo mesmo quando tudo parece desgraça e tristeza.
Imagens de um ente querido, uma luz no meio do tumulto,
Imagens gravadas, fragmentos duradouros de amor.
Sonhos partilhados, estrelas nas nossas testas,
O amor, um épico apesar das tempestades furiosas.
Que esta melodia de amor ressoe ao longo da história,
Que o amor nas trincheiras ilumine cada memória.
Em cada batida do coração, uma resistência sábia,
O amor, uma força que transcende a sombra e o ultraje.

Raios do infinito

Sob o céu esfarrapado, o amor persiste,
Fragmentos de eternidade na névoa triste.
No coração das trincheiras, onde a dor persiste,
O amor, uma chama que nada pode eclipsar.
Mãos que se procuram nas sombras e na lama,
Abraços fortes, abrigo na azáfama.
Olhares que se entrelaçam apesar dos escombros,

ECOS DO LESTE DA REPÚBLICA DEMOCRÁTICA DO CONGO: POEMAS DE UMA TERRA DE GUERRA PERPÉTUA.

O amor, uma fortaleza no meio das sombras.
Cartas de amor, frágeis tesouros em nossas mãos,
Palavras tecidas de esperança na queda distante.
Os ecos do coração ressoam para além das barreiras,
Amor, uma doce melodia apesar das guerras.
Sorrisos trocados como fragmentos de luz,
Fragmentos de optimismo numa guerra amarga.
Promessas, estrelas cadentes na escuridão,
Amor, uma constante que transcende o dever.
Que estes fragmentos de eternidade ressoem como ecos,
Que o amor nas trincheiras seja um herói gentil.
Em cada batida do coração, uma resistência sábia,
O amor, uma força que percorre todas as páginas.

Rapsódia de Amor na Frente

Na frente das trincheiras, onde ressoa a angústia,
O amor compõe uma rapsódia na escuridão.
Explosões de ternura, notas de carícia,
Amor, uma melodia que desafia a brutalidade.
Mãos entrelaçadas, um ballet de resistência,
Abraços como baluartes na tempestade.
Os olhares de cumplicidade, fogos na noite persistente,
O amor, uma estrela que brilha apesar da dissonância.
Cartas desoladas, páginas de emoção,
Palavras como pétalas no vento da paixão.
Memórias, tesouros escondidos no coração,
O amor, uma sinfonia que perdura mesmo no horror.
Sorrisos trocados, explosões de inocência,
Ecos de amor na sombra da violência.
Promessas, estrelas cintilantes no meio da adversidade,

Amor, uma rapsódia persistente no meio da ferocidade.
Que esta rapsódia de amor soe como uma oração,
Que o amor nas trincheiras seja uma luz.
Em cada batida do coração, uma sábia resiliência,
O amor, uma força que transcende todas as tempestades.

Canção de amor sob as estrelas

Sob o céu cheio de estilhaços, ergue-se um cântico de amor,
Notas de afecto na escuridão envolvente.
No coração das trincheiras, onde o caos termina,
Amor, uma melodia que desafia a prova.
Mãos na sombra do tormento,
Abraços reconfortantes, gestos constantes.
Olhos que se encontram, estrelas na noite,
Amor, uma bússola que guia em silêncio.
Cartas de amor, pergaminhos de verdade,
Palavras que enfrentam as tempestades com dignidade.
Memórias, jóias preservadas no silêncio,
Amor, uma eternidade apesar da ausência.
Sorrisos trocados, fragmentos de luz,
Raios de esperança na escuridão amarga.
Promessas sussurradas sob um céu cintilante,
Amor, uma constelação no caos em marcha.
Que este cântico de amor ressoe como uma oração,
Que o amor nas trincheiras seja uma estrela guia.
Em cada batida do coração, uma resistência sábia,
O amor, uma força que transcende cada página.

8. O legado da guerra

As cicatrizes do tempo

Sob o peso dos céus, o legado toma forma,
As cicatrizes do tempo marcam a alma clandestina.
O legado da guerra, um fardo silencioso,
Sonhos não realizados, esperanças tecidas de laços tortuosos.
Sombras do passado aparecem em nossos olhos,
Ecos de batalha ecoam na escuridão.
O legado da guerra, memórias acorrentadas,
Gerações carregam as cicatrizes do destino.
Mãos, herdeiras de gestos impregnados de dor,
Tecem contos melancólicos na hora.
O legado da guerra, lágrimas no seu rasto,
Aspirações acorrentadas por um destino refém.
Os rios murmuram melodias lúgubres,
O rescaldo flui através de vales famosos.
O legado da guerra, ecos que perfuram,
Gerações navegam nas águas do arrependimento.
Que a luz do futuro toque as cicatrizes,
Que o legado da guerra dê lugar ao artifício.
Em cada batida de coração, uma busca por clemência,
Para quebrar os grilhões da herança, para oferecer renascimento.

Ecos do passado

No silêncio, os ecos do passado ressoam,
O legado da guerra, uma sombra aprisionadora.
As gerações futuras usam olhares velados,
As sequelas do conflito, a dor perpetuada.
Os campos de batalha, testemunhas silenciosas da carnificina,
O legado da guerra, uma paisagem refém.
As aspirações das crianças, fragmentos despedaçados,
Sonhos acorrentados por lembranças apaziguadoras.
Mãos herdeiras de uma história fragmentada,
Trabalham a terra, mas carregam um destino.
Legado de guerra, sulcos marcados,
Esperanças semeadas em solo comprometido.
Os rios sussurram melodias lúgubres,
As consequências da guerra, uma tristeza que acolhe.
O legado da guerra, ecos persistentes,
Gerações posteriores navegam o tormento.
Que os ecos do passado encontrem um novo caminho,
Que o legado da guerra se torne uma faísca.
Em cada batida do coração, uma busca por remissão,
Para transcender o legado e oferecer uma nova missão.

Tela de amargura

Na imagem da herança, teias de amargura,
As gerações futuras tecem uma teia póstuma.
O legado da guerra, de horizontes despedaçados,
Perspectivas escurecidas por um passado congelado.
Os olhos das crianças reflectem céus de luto,
O legado da guerra, estrelas em caixões.
Aspirações, pássaros de asas estendidas,

Sonhos derrubados por ventos carregados de arrependimento.
As mãos que forjam o futuro, pesadas de resíduos,
Legado de guerra, correntes tecidas pelo desconhecido.
Horizontes traçados em terras devastadas,
Esperanças esfoladas por cicatrizes desbotadas.
Os rios carregam as lágrimas de gerações,
O rescaldo da guerra, ondas de emoção.
O legado da guerra, ecos na água,
Destinos esculpidos por margens de caos.
Que as telas de amargura se tornem frescos,
Que o legado da guerra dê lugar a esboços.
Em cada batida de coração, uma busca por resiliência,
Para desatar os nós da herança, para oferecer renascimento.

Explosões de esperança

Sob o peso do legado, surgem fragmentos de esperança,
As gerações futuras convergem em busca de luz.
O legado da guerra, destinos em suspensão,
Perspectivas desafiadas por uma nova visão.
Os olhos das crianças brilham com ousadia,
O legado da guerra, sementes de esperança na superfície.
Aspirações, estrelas na noite reconstruída,
Os sonhos florescem, a dor dilui-se.
As mãos que tecem o futuro, hábeis e decididas,
Herdadas da guerra, construções engenhosas.
Horizontes redesenhados em cores vivas,
Esperanças gravadas, símbolos dançantes.
Os rios transportam as promessas do amanhã,
Os efeitos posteriores da guerra, ondas que se desvanecem.
O legado da guerra, ecos do despertar,

As gerações futuras traçam um novo rumo.

Que explosões de esperança inundem a cena,

Que o legado da guerra se torne uma nova jóia.

Em cada batida do coração, uma busca pelo renascimento,

Para transcender o legado e oferecer uma nova oportunidade.

O vislumbre da aurora

Na sombra da herança, está a surgir um vislumbre da aurora,

As gerações futuras carregam um destino divino.

Um legado de guerra, ecos de uma noite distante,

As perspectivas abrem-se para um amanhecer sereno.

Os olhos das crianças reflectem um vislumbre de esperança,

Legado de guerra, estrelas que vigiam a noite.

Aspirações, asas abertas para o céu,

Sonhos reconstruídos, novo mel.

Mãos que constroem o futuro, estendendo a mão para a paz,

Legado de guerra, construções de alegria.

Horizontes redesenhados em cores ternas,

Esperanças cultivadas, jardins a expandir.

Os rios sussurram canções de redenção,

O legado da guerra, riachos de emancipação.

O legado da guerra, ecos que se transformam,

As gerações futuras forjam um novo ornamento.

Que este vislumbre da aurora ilumine todos os destinos,

Que o legado da guerra se torne um hino.

Em cada batida de coração, uma busca pelo óbvio,

Para transcender o legado, para oferecer um novo nascimento.

9. Luz na escuridão

Fragmentos de Luz

No meio do tumulto, flashes de luz dançam,
Momentos fugazes, estrelas no meio do sofrimento.
A guerra cerra o punho, mas a luz resiste,
Lampejos de esperança, pérolas na pista de dança.
Na escuridão das noites em chamas com flashes,
Sorrisos trocados, raios de luar brilhando.
A tristeza pode gritar, mas o amor persiste,
Fragmentos de luz, sombras que a alegria insiste.
Mãos que se procuram na sombra da dor,
Abraços delicados, velas no coração.
O medo pode rugir, mas a ternura resiste,
Rajadas de luz, faíscas persistentes.
Olhares que se cruzam, estrelas na névoa,
Promessas sussurradas, pirilampos que se acendem.
A guerra pode rugir, mas a esperança persiste,
Rajadas de luz, lampejos que resistem.
Que cada raio de luz ressoe como uma oração,
Na escuridão, a beleza pode ser luz.
Em cada batida do coração, uma sábia resistência,
Rajadas de luz, notas na carnificina.

MARIEN-EDGARD NGBALI BEMI

Alvorada de esperança

No escuro teatro da guerra, surge uma aurora,
Explosões de esperança florescem, brilhos oblíquos.
A escuridão pode estender o seu manto, mas a luz persiste,
Momentos de brilho, suavidade que perdura.
Nos cantos sombrios onde o medo se agarra,
Vislumbres de cumplicidade, estrelas que se apagam.
A tristeza pode pairar, mas a ternura persiste,
Vislumbres de humanidade, vislumbres que insistimos em ver.
Mãos entrelaçadas no frio da noite,
Gestos delicados, velas no esquecimento.
A dor pode rugir, mas o amor persiste,
Explosões de luz, fogos a que assistimos.
Os ecos dos rios trazem murmúrios de paz,
Momentos frágeis, horizontes que deixam sua marca.
O ódio pode rugir, mas a compaixão persiste,
Fragmentos de luz, ondas que resistem.
Que cada alvorada de esperança seja uma doce melodia,
Na escuridão, a luz pode ser uma sinfonia.
Em cada batida do coração, uma sábia resiliência,
Fagulhas de luz, estrelas na tempestade.

Brilho de esmeralda

Sob o céu escurecido pela guerra, um brilho de esmeralda,
Fragmentos de vida emergem, jóias na fria ode.
A violência pode rugir, mas a gentileza persiste,
Fragmentos de luz, pepitas que testemunhamos.
Nos recantos onde as sombras se estendem em silêncio,
Olhares trocados, estrelas na essência.
A crueldade pode ser desenfreada, mas a bondade persiste,

ECOS DO LESTE DA REPÚBLICA DEMOCRÁTICA DO CONGO: POEMAS DE UMA TERRA DE GUERRA PERPÉTUA.

Reflexos da humanidade, nuances que testemunhamos.
Mãos entrelaçadas apesar da dura realidade,
Gestos de solidariedade, raízes na claridade.
O ódio pode rugir, mas a fraternidade persiste,
Rajadas de luz, laços que testemunhamos.
Os ecos dos rios trazem sussurros de reconciliação,
Momentos de paz, ondas de esclarecimento.
A raiva pode roncar, mas a serenidade persiste,
Rajadas de luz, rios que observamos.
Que cada brilho de esmeralda seja uma pérola preciosa,
Na escuridão, a beleza pode ser uma oferta deliciosa.
Em cada batida do coração, uma sábia resistência,
Fragmentos de luz, esmeraldas na tempestade.

Estrelas Resilientes

No meio da escuridão da guerra, estrelas resilientes,
Constelações de coragem, brilhos duradouros.
A noite pode estender o seu véu, mas a luz resiste,
Estrelas, eclipses que testemunhamos.
Nos becos onde o medo se instala em silêncio,
Sorrisos discretos, estrelas na sua essência.
O terror pode pairar, mas a esperança persiste,
Reflexos da humanidade, estrelas que podemos ver.
Mãos que se entrelaçam para além das barreiras,
Gestos de união, estrelas na poeira.
O ódio pode roncar, mas o amor persiste,
Estrelas, constelações que testemunhamos.
Os ecos dos rios trazem histórias de resistência,
Momentos de ousadia, ondas de perseverança.
A raiva pode roncar, mas a paz persiste,

Cacos de estrelas, margens que testemunhamos.
Que cada estrela resistente seja uma história gravada,
Na escuridão, a luz pode ser um beco.
Em cada batida do coração, uma persistência sábia,
Tempestades estelares, constelações na tempestade.

Amanhecer ressurgente

Em meio ao tumulto da guerra, um amanhecer ressurgente,
Fragmentos de esperança perfuram, brilhos emergem.
A escuridão pode espalhar-se, mas a luz persiste,
Rajadas de aurora, coisas doces que testemunhamos.
Nos recantos onde os gritos da noite se apagam,
Estrelas clandestinas, luzes que se quebram.
O terror pode reinar, mas a tranquilidade persiste,
Reflexos da humanidade, estrelas que observamos.
Mãos que se procuram na densa escuridão,
Fragmentos de solidariedade, lampejos de esperança.
O ódio pode rugir, mas o amor persiste,
Rajadas de aurora, gestos que testemunhamos.
Os ecos dos rios trazem murmúrios de paz,
Momentos de serenidade, ondas de calma.
A raiva pode rugir, mas a concórdia persiste,
Rajadas de aurora, rios que observamos.
Que cada aurora ressurgente seja uma promessa renovada,
Na escuridão, a beleza pode ser uma asa desdobrada.
Em cada batida do coração, uma sábia resiliência,
Explosões de madrugada, brilhos que transcendem a tempestade.

10. Vozes de crianças

Vozes extintas

No eco das ruas devastadas pela guerra,
As vozes das crianças, suaves sussurros de luz.
A inocência perdida, abraçada pelo destino sombrio,
Canções silenciosas de sonhos perdidos pela manhã.
Pequenos soldados num teatro de sombras,
Os seus olhos, estrelas afogadas na sombra.
O jogo torna-se uma dança de dor,
Os seus risos, ecos de uma infância em lágrimas.
As vozes das crianças, frágeis e trémulas,
gritos abafados pela brutalidade desconcertante.
Os brinquedos são substituídos por armas pesadas,
Os sonhos desvanecem-se, uma tristeza sem brilho.
Brincadeiras de criança, ruas outrora cheias de riso,
Tornam-se campos de batalha onde o destino suspira.
Vozes de crianças, gritos no silêncio,
Canções de dor, sinfonia de inocência.
Oh, o drama das crianças-soldados neste teatro cruel,
As suas vozes silenciadas, um triste adeus ao céu.
Que a humanidade escute essas vozes rasgadas,
Para que um dia, os sonhos das crianças possam renascer.

Canções quebradas

No coração da escuridão onde a inocência se perdeu,
Vozes de crianças, canções em aço.
Os seus risos, ecos de uma infância desarmada,
No choque das armas, uma melodia desarmada.
Pequenos soldados num ballet de sofrimento,
As vozes das crianças, gritos de urgência.
Os seus jogos, sombras na noite eterna,
A infância desaparece numa fúria cruel.
As canções quebradas das crianças-soldados ressoam,
Melodias tristes, estrelas trémulas.
Os seus olhos, flashes de luz desvanecida,
Na arena da batalha, uma inocência abraçada.
As vozes das crianças, sussurros na névoa,
As suas esperanças, fragmentos na noite que consome.
O jogo das armas substitui o riso da manhã,
Neste drama infantil, a inocência está a caminho.
Oh, a dor das crianças-soldados, destinos frustrados,
Suas canções quebradas, um lamento na escuridão.
Que o mundo ouça as suas vozes magoadas,
Para que um dia, as crianças possam viver novamente.

Coroação do Espírito Santo

Sob o céu rasgado, erguem-se as vozes das crianças,
Um coro de inocência, nas sombras que se desvanecem.
Mas a guerra tira-lhes as canções, a doce melodia,
O riso das crianças é transformado em gritos de infâmia.
Pequenos soldados, perdidos num mundo adúltero,
As vozes das crianças, ecos no mistério.
Seus olhos, estrelas manchadas pela violência,

ECOS DO LESTE DA REPÚBLICA DEMOCRÁTICA DO CONGO: POEMAS DE UMA TERRA DE GUERRA PERPÉTUA.

No turbilhão das armas, uma dissonância cruel.

Canções de esperança desvanecidas, sussurros enfraquecidos,

Crianças-soldados, sonhos desfeitos no esquecimento.

Os seus jogos, sombras na poeira amarga,

A inocência, uma vítima silenciosa e efémera.

Vozes de crianças, gritos na noite deserta,

Velas de infância apagadas pela tempestade.

Sonhos de outrora, cacos ao longe,

A tragédia das crianças-soldados, uma tragédia sem fim.

Ó coro de esperança que se extingue no horror,

Que o mundo ouça essas vozes, esses gritos.

Para que um dia a inocência possa renascer,

E as crianças possam redescobrir a ternura.

Ladainha Silenciosa

Sob as estrelas que se desvanecem, as vozes das crianças ecoam,

Uma ladainha silenciosa nas sombras sangrentas.

Os seus risos ecoam nas ruas escuras,

As canções da infância abafadas pela loucura.

Pequenos soldados no ballet da incerteza,

As vozes das crianças, murmúrios de preocupação.

Os seus olhos, fragmentos de inocência roubada,

Na dança das armas, uma tristeza velada.

As lágrimas das crianças, pérolas na areia,

Gritos mudos neste mundo instável.

As suas brincadeiras, restos de alegria que se foram,

A inocência, vítima do tempo passado.

As vozes das crianças, sussurros ao vento,

Sonhos fugidos, cacos de tormento.

Esperanças rasgadas, estrelas em perigo,

A tragédia das crianças-soldados, angústia cruel.

Ó ladainha silenciosa de corações em aflição,

Que o mundo ouça estas vozes, estas fraquezas.

Para que um dia, a paz acaricie,

E as crianças encontrarão alegria novamente.

Canção encantada do amanhecer

Sob o céu estrelado, vozes de crianças sussurram,

Uma canção de alvorada encantada, no silêncio que perdura.

Os seus risos, ecos de uma inocência duradoura,

As melodias da infância, uma resistência elegante.

Pequenos soldados, perdidos na sombra da batalha,

As vozes das crianças, sussurros nos estertores da morte.

Os seus olhos, estrelas em busca de claridade,

Na escuridão do conflito, uma luz eterna.

As canções de um amanhecer encantado, promessas no horizonte,

Crianças-soldados, sonhos em ebulição.

Os seus jogos, explosões de alegria na noite estrelada,

A inocência, uma estrela eterna, nunca velada.

Vozes de crianças, murmúrios na madrugada,

As velas da infância ainda a iluminar o caminho.

Os sonhos que persistem, estrelas na angústia,

A tragédia das crianças-soldados, uma busca de ternura.

Oh, a canção de um amanhecer encantado no coração das crianças,

Que o mundo ouça estas canções.

Para que um dia, a guerra dê lugar à dança,

E as crianças possam redescobrir a doçura da infância.

11. O uso da violência sexual como método de guerra e como estratégia de terror

Feridas multifacetadas

Sob o véu da noite, ecos de dor,

Mulheres do Leste, sofrimento que perdura.

Violações em massa, crimes de uma guerra sem coração,

Os seus corpos maltratados marcados pelo terror.

Rasgadas na sua carne, mas também nas suas almas,

Cruel duplo castigo, deixando uma réstia de drama.

Por vezes rejeitados, abandonados pelos seus entes queridos,

O peso da vergonha, um fardo de choro pesado.

Os parceiros fogem, as comunidades calam-se,

A sua dor íntima desliza no silêncio.

Infectadas com o vírus, o estigma de uma violação brutal,

A SIDA insinua-se, acrescentando um mal fatal.

Os ecos ecoam nos vales da agonia,

Mulheres destroçadas, mas a sua força sobrevive.

Na escuridão, persiste um vislumbre de resiliência,

As vozes dos sobreviventes, clamando por libertação.

Para além dos corpos, a guerra nas mentes,

Mas a resiliência emerge, mesmo no esquecimento.

Estas mulheres, portadoras de uma força indomável,

Levantam a esperança, apesar da dor imposta.

Ecos da dor

Sob o véu do horror, ecos de dor,
Almas feridas, vítimas de uma guerra sem coração.
Violação, uma arma cruel, rasga o tecido do tempo,
Crianças, mulheres, bebés, na sombra do tormento.
O Dr. Mukwege, um médico com um coração cheio de compaixão,
Cura as feridas, oferece um vislumbre de esperança.
Cirurgião da alma, na escuridão persistente,
Ele restaura a dignidade, combate a violência arrogante.
No meio dos gritos silenciosos das vítimas,
Ele torna-se portador das suas histórias íntimas.
A sua sala de operações, lugar de resistência silenciosa,
Ele ergue uma voz preciosa contra a indiferença.
Cicatrizes gravadas, testemunhos silenciosos,
Ele dá voz a almas cujo grito é discreto.
Dr. Mukwege, guardião dos sonhos desfeitos,
O seu empenho, uma luz na escuridão.
Em cada sutura, um ato de rebelião,
Contra a ignomínia, o ódio e a repressão.
O seu amor imensurável, uma arma pacífica,
Perante a violência, um baluarte heróico.

A aurora da resiliência

Na noite da violação, uma aurora de resiliência,
Mulheres e crianças destroçadas em busca de libertação.
Dr. Mukwege, um farol num mar de tristeza,
Cura as feridas, dá nova vida à cena.
Sob o peso dos silêncios e dos gritos abafados,
As vítimas erguem-se, desafiando a crueldade.
Dr. Mukwege, um guia através da escuridão,

Consertando almas, oferecendo nova clareza.
Através dos corredores escuros do hospital,
Ecos de resiliência, um hino vital.
Mãos dadas, olhares de determinação,
Cada cura torna-se uma revolução.
O médico, testemunha silenciosa do indizível,
Constrói pontes de esperança no meio do invisível.
Cada cicatriz é uma marca de coragem,
Uma resposta intemporal ao terror.
No ballet de enfermeiras e médicos,
A sinfonia interminável da cura.
Dr. Mukwege, maestro da remissão,
Compõe a música da resiliência, uma missão.

O Jardim dos Sobreviventes

Frágeis flores desabrocham no jardim dos sobreviventes,
Florescem apesar das memórias difíceis.
Dr. Mukwege, jardineiro de uma paz merecida,
Semeia a esperança, apesar de uma história desfeita.
As pétalas carregam as cicatrizes do passado,
Mas em cada botão, a força criou raízes.
Dr. Mukwege, arquiteto de um renascimento,
Dá às mulheres força e resiliência.
Entre os arbustos do sofrimento e da dor,
Os botões florescem, uma renovação sem fim.
Cada mulher, uma pepita neste jardim singular,
Dr. Mukwege, guia, traz a clareza de volta à vida.
As raízes mergulham profundamente na terra,
Simbolizando a força interior que prospera.
O Dr. Mukwege, com cada gesto, cada tratamento,

Escreve um poema de amor na pele, um refrão suave.
Os caminhos do jardim, tecidos com esperança e coragem,
Cada passo ressoa como uma mensagem de trabalho.
Dr. Mukwege, arquitecto deste santuário,
Ergue um monumento à vida e à luz.

Grito de Injustiça

Sob a sombra persistente do Oriente dilacerado,
O grito da injustiça, o terror enraizado.
Trinta anos de conflito, um ballet sombrio,
Onde os corpos são os actores, numa dança de morte.
Laços económicos, uma fonte de dor,
O minério sangrento, a semente do horror.
O Ruanda, actor principal desta tragédia,
Desestabilização, pilhagem, uma sinfonia.
Violência sexual, uma arma desonrosa,
Método de guerra, terror desconcertante.
Corpos feridos, espíritos destroçados, clamando ao céu,
A humanidade traída, neste vale de sequelas.
As Nações Unidas, testemunhas do drama escrito,
Violações documentadas em todas as dobras.
Uma estratégia de terror, onde a intimidade se torna um campo de
batalha,
Dignidade espezinhada, na sombra do corte escuro.
Que o mundo ressoe com este grito, este uivo,
Que os culpados sejam julgados sem misericórdia.
Que as vítimas encontrem a luz,
Que este pesadelo, esta guerra amarga termine.

12. O silêncio cúmplice da comunidade internacional.

RDC: Um genocídio esquecido

Sob o céu estrelado do Congo Oriental,

Um silêncio pesado, pesado, escuro e gelado.

Um genocídio impiedoso, a gritar ao mundo,

Mas o mundo, indiferente, fica a assistir.

O chão chora pelas almas perdidas,

O sangue dos inocentes, a terra absorve-o comovida.

Mas nos corredores do poder internacional

O silêncio reina como um coro triste.

Os relatórios acumulam-se, frios e acusatórios,

Testemunhos pungentes, mas que não são ouvidos.

A chamada comunidade desvia o olhar,

Parece ter-se habituado ao genocídio silencioso.

Gritos de socorro, uivos ignorados,

O Congo Oriental, de luto, é deixado na sombra.

A diplomacia serve-se de uma retórica vazia,

Enquanto a dor persiste, sempre há vida.

As montanhas ecoam num silêncio culpado,

Os rios murmuram lendas indomáveis.

Mas a comunidade internacional, com o seu silêncio cúmplice,

Esconde o genocídio na sua história artificial.

O que dizer das vidas perdidas, das famílias destroçadas?

O silêncio persiste, a injustiça está enraizada.

O genocídio no Leste estende-se nas sombras,
Sob o peso do silêncio, o grande Congo chora.

Ecos do silêncio

Sob o manto do mundo, o eco de um pesado silêncio,
No leste do Congo, gritos ignorados no momento.
A comunidade internacional, de olhos vendados,
Torna-se cúmplice de uma tragédia sem clareza.
Os relatórios da ONU denunciam as sombras do Ruanda,
O apoio ao M23, uma saga negra.
Dois pesos e duas medidas, uma ajuda selectiva em cena,
Ucrânia aplaudida, Congo em sofrimento.
Sob o manto do mundo, o silêncio estende o seu reinado,
Onde o descuido dança, a tragédia é sua companheira.
Os gritos do Congo oriental, perdidos no esquecimento,
A comunidade internacional, indiferente, retira-se.
Os fios da indiferença tecem uma teia negra,
Vidas congolesas, moedas de troca nas sombras.
Os relatórios da ONU denunciam, mas o mundo vira as costas,
Cegueira colectiva, onde cada silêncio ressoa.

As estações do desinteresse

As estações mudam, mas o desinteresse persiste,
No leste do Congo, onde a inocência resiste.
A comunidade internacional, um fantoche mudo,
Sob o peso de interesses e alianças secretas.
A Ucrânia, uma tragédia global sob escrutínio,
Enquanto o Congo é esquecido nas sombras.
Relatórios da ONU, como gritos no deserto,

ECOS DO LESTE DA REPÚBLICA DEMOCRÁTICA DO CONGO: POEMAS DE UMA TERRA DE GUERRA PERPÉTUA.

O duplo padrão, uma triste realidade em concerto.
As estações mudam, o desinteresse persiste,
Vidas congolesas, moeda insignificante na lista.
A marioneta internacional dança no palco,
Congo, uma sombra negligenciada, uma cena triste.
Os interesses obscuros ditam, o duplo padrão triunfa,
A Ucrânia na ribalta, o Congo na sombra.
Os relatórios da ONU são testemunhas, mas as vozes são abafadas,
Cegueira persistente, onde todo silêncio sufoca.

Máscara diplomática

Na cena mundial, um disfarce diplomático,
No leste do Congo, a indiferença política.
A comunidade internacional, um ator fingido,
Ruanda, o M23, na sombra, um lamento.
Ucrânia, a cena da ajuda declarada,
Congo, uma tragédia ignorada nos bastidores.
Relatórios da ONU, páginas viradas sem emoção,
Dois pesos e duas medidas, uma lei trágica.
Uma mascarada está a ser encenada no palco mundial,
A indiferença disfarçada de diplomacia apanha-nos.
A comunidade internacional, um ator fingido,
O Ruanda, o M23, uma tragédia que se abraça.
A negligência persistente, a duplicidade de critérios persiste,
A Ucrânia na luz, o Congo no triste nevoeiro.
Relatórios da ONU, páginas de história apagadas,
Cegueira diplomática, tragédia prolongada.

MARIEN-EDGARD NGBALI BEMI

Hipocrisia internacional

Sob o céu estrelado da diplomacia fingida,
A União Europeia, no seu papel sombrio.
Memorando de entendimento, assinado com um cinismo calculado,
Minerais de conflito elogiados pela UE.
As cadeias de valor ditas "sustentáveis" e "resilientes",
Uma farsa, uma máscara, uma fachada impotente.
Matérias-primas, na realidade, manchadas de sangue,
A UE lava as mãos do comércio ilegal.
No centro do conflito congolês, um jogo económico,
30 anos de dor, um drama sistémico.
A ligação inegável entre os minerais e a guerra,
A UE, cúmplice silenciosa, permite que a miséria floresça.
O Leste da RDC é o cenário de uma tragédia eterna,
mais mortífera do que a própria guerra mundial.
O Ruanda, um ator-chave neste cenário macabro,
O acordo da UE é velado e evasivo.
A exploração dos recursos, uma tragédia conhecida,
A violência sexual e o terror são uma realidade nua e crua.
A UE fecha os olhos à duplicidade de critérios,
Sob o peso da hipocrisia, o mundo cala-se, envergonhado.

13. O paradoxo da RDC: rica e pobre!

A maldição da riqueza

Sob os céus da RDC, a terra oferece os seus tesouros,
Um paradoxo cruel, uma maldição sem remorso.
Minerais preciosos, florestas exuberantes sob o céu,
Mas a riqueza transforma-se num fardo mortal.
O solo abunda em diamantes e no cobiçado coltan,
Mas a miséria persiste, as esperanças são espezinhadas.
O paradoxo da abundância, uma teia escura tecida,
A riqueza torna-se uma cadeia, a pobreza oprimida.
A cobiça estrangeira enfurece-se como uma tempestade,
Os vizinhos, as multinacionais, ansiosos por conquistar.
O solo fértil, o subsolo rico em tesouros escondidos,
tudo atrai a voracidade, deixando o país destroçado.
Guerras perpétuas, conflitos incessantes,
Os frutos do solo tornam-se os males do presente.
A maldição dos recursos, um fardo emaranhado,
A RDC sangra, exausta, sob um céu estrelado.

As Lamentações da Terra Congolesa

A terra congolesa, um poema geológico cantante,
Mas as estrofes revelam um triste lamento.
Minerais preciosos, riquezas enterradas sob a crosta,

No entanto, a prosperidade continua a ser uma doce utopia.
Ouro, coltan, diamantes, tesouros cobiçados,
Caem em mãos gananciosas e destinos torturados.
O paradoxo da abundância, uma ironia sinistra,
A riqueza é o mal, uma maldição sinistra.
A terra que deveria ser o berço da abundância,
tornou-se o cenário de uma triste dança.
Fronteiras rasgadas, abutres a voar,
A riqueza transforma-se em correntes, correntes.
Multinacionais alimentam-se de um apetite insaciável,
Vizinhos afiam suas garras, uma busca impiedosa.
A terra geme, as suas lágrimas fertilizam o solo,
O paradoxo persiste, um triste conto imortal.

O trágico legado do subsolo congolês

Sob o manto do solo congolês, o drama revela-se,
Riquezas enterradas, mas a dor cresce.
O subsolo, tesouro maldito, agrilhoa o destino,
Rios de riqueza correm, mas a miséria persiste.
O paradoxo da abundância, destino cruel,
Os recursos deveriam ser abençoados, mas a realidade é estranha.
Ouro, cobre, jóias enraizadas na terra,
Mas o povo congolês carrega o fardo da miséria.
As fronteiras são traçadas, as guerras são travadas,
A riqueza torna-se a razão das batalhas e das perdas.
Os abutres estrangeiros voam nos céus,
As riquezas do subsolo alimentam um ritual negro.
As multinacionais pilham, os poderosos enriquecem-se,
O paradoxo persiste, o país seca.
O solo geme sob o peso da sua trágica herança,

A RDC, prisioneira de uma miragem de riqueza.

O sangue das crianças no silício moderno

Nas profundezas da terra congolesa, descem crianças inocentes,
Guiadas pela sombra da necessidade, deitam-se nas minas.
Coltan, um tesouro obscuro, cobiçado para os nossos ecrãs luminosos,
Mas a sua extração está manchada com o sangue de sonhos preciosos.
Os telemóveis brilham, os computadores iluminam a nossa era,
No entanto, por trás desses ecrãs, a inocência desaparece na poeira.
Crianças, pequenos mineiros, o futuro nas suas mãos,
Mas as correntes de coltan mantêm-nas num destino sombrio.
O paradoxo moderno, a tecnologia com o seu estigma,
Cada chamada, cada mensagem, tingida com o sangue que conta.
Os gritos abafados das crianças nas profundezas da mina,
ecoam no silêncio, uma sinfonia sinistra, um aperto surdo.
Coltan, o minério maldito, mancha o nosso brilhante progresso,
Crianças frágeis, heróis involuntários destas minas brilhantes.
Sob os nossos dedos, o sangue de crianças permeia o ecrã,
A tecnologia moderna, um reflexo negro do nosso ímpeto.
O brilho dos ecrãs mascara a escuridão das cavernas,
onde as crianças, sem luz, extraem coltan, dor interna.
O progresso moderno, uma triste sombra sobre o solo africano,
O sangue das crianças congolesas, uma mancha indelével na corrente.

O fardo congolês

Sob os céus feridos do Congo, a maldição persiste,
Os recursos abundam, mas a paz é ilusória.
O M23 reaparece, dança com o exército do Ruanda,
Uma guerra de agressão, a agonia congolesa.

MARIEN-EDGARD NGBALI BEMI

A União Europeia, na sua busca económica,
reforça os seus laços numa parceria cínica.
Contradição flagrante, coerência abalada,
Direitos do Homem espezinhados, a UE vela-se em repúdio.
Prémio Sakharov, um apelo à dignidade,
Mas a política persiste, em todo o absurdo.
Dever de diligência, um regulamento negligenciado,
Cadeias de abastecimento, um jogo orquestrado de tolos.
Transição verde, um sonho manchado de vermelho,
O sangue dos congoleses, a natureza em dilúvio.
Mulheres e crianças, vítimas sacrificiais,
A terra é saqueada por interesses estrangeiros.
O Congo, uma jóia rica, uma fonte de dor,
Outras nações alimentam-se dele, o povo labuta.
Cidadãos que amam a paz, a justiça e a esperança,
Ouçam o apelo, mudem o rumo, a hora é negra.
Nas futuras eleições, o poder da escolha,
Quebrem as correntes, devolvam ao Congo a sua voz.
Que a maldição dos recursos seja apagada,
E que o povo congolês reencontre o seu lugar.

CONCLUSÃO

No final desta viagem poética, à medida que cada página gira como uma folha levada pelo vento, encontramo-nos perante o horizonte destes "Ecos do Leste da República Democrática do Congo". Estes poemas, como constelações de emoções, desdobram-se diante dos nossos olhos como um firmamento de histórias entrelaçadas, onde as estrelas brilham tanto com tristeza como com esperança.

No final desta viagem, é impossível ignorar as cicatrizes visíveis e invisíveis que marcam esta terra em guerra perpétua. Cada poema, cada linha, foi uma tentativa corajosa de dar voz ao indizível, de prestar homenagem à resiliência das almas que persistem apesar da escuridão que as rodeia.

Como as últimas notas de uma melodia que se desvanece, esta coleção chega ao fim, mas os ecos permanecem. "O Paradoxo da RDC: Rica e Pobre" ecoa nos nossos pensamentos, convidando-nos a refletir sobre as contradições e os desafios persistentes desta terra rica em recursos mas empobrecida pela guerra.

Que esta conclusão seja o ponto de partida para uma reflexão contínua, uma tomada de consciência crescente e uma ação positiva. Que os poemas que ressoam nestas páginas não sejam apenas palavras no papel, mas um apelos à ação, convites à solidariedade e gritos de paz.

Que estes poemas sejam como sementes plantadas no jardim da consciência colectiva, germinando lentamente para florescerem num futuro em que os ecos da guerra sejam abafados pelo murmúrio reconfortante da paz. Que estes versos sejam lanternas a guiar o nosso caminho em direção a um futuro em que o leste da República Democrática do Congo possa finalmente desfrutar da paz que merece.

Ao encerrarmos esta coletânea, não esqueçamos que cada leitor transporta agora consigo uma parte desta terra devastada. Que a empatia que nasce destes poemas se transforme em ações concretas, transformando o eco das palavras em mudanças tangíveis.

Assim, que a última página desta coletânea não seja o fim, mas o início de um compromisso renovado com a compaixão, a justiça e a construção de um futuro em que a poesia conte uma história diferente, uma história de reconstrução e resiliência.

Don't miss out!

Visit the website below and you can sign up to receive emails whenever Marien-Edgard Ngbali BEMI publishes a new book. There's no charge and no obligation.

https://books2read.com/r/B-A-AYAEB-AFZAD

BOOKS2READ

Connecting independent readers to independent writers.

Did you love *Ecos do Leste da República Democrática do Congo: Poemas de uma Terra de Guerra Perpétua.*? Then you should read *DE L'ÉTAT DE NATURE À L'ÉTAT DE SOCIÉTÉ Problématisation de la dialectique civilisatrice dans le "Discours sur l'origine et les fondements de l'inégalité parmi les hommes" de Jean-Jacques Rousseau.*[1] by Marien-Edgard Ngbali BEMI!

[2]

Plongez-vous dans l'univers captivant de "DE L'ÉTAT DE NATURE À L'ÉTAT DE SOCIÉTÉ", une exploration profonde de la pensée de Jean-Jacques Rousseau à travers son célèbre "Discours sur l'origine et les fondements de l'inégalité parmi les hommes". Découvrez les méandres de la dialectique civilisatrice, du paradis perdu de l'état de nature aux tumultes de la société.

---

1. https://books2read.com/u/3k9VVO

2. https://books2read.com/u/3k9VVO

Suivez Rousseau dans sa retraite méditative dans la forêt de Saint-Germain, où il trace fièrement l'histoire des premiers temps. Plongez-vous dans son analyse subtile des petits mensonges humains, de la déformation du naturel, et de la prétendue perfection qui devient la source des maux de l'humanité.

Le livre expose une critique sociale et politique profonde, passant de la dégradation des mœurs dans le "Discours sur les sciences et les arts" à la problématisation de l'inégalité dans le "Discours sur l'origine et les fondements de l'inégalité parmi les hommes". L'auteur nous guide à travers la construction de la pensée rousseauiste, de son anthropologie à son éthique, tout en explorant les concepts clés tels que l'état de nature, la dialectique civilisatrice, et le vrai contrat social.

Le plaidoyer pour une société légitime et juste résonne à travers les pages, invitant le lecteur à repenser les normes économiques, à explorer des alternatives équitables et à réévaluer les fondements des sociétés modernes.

Cette œuvre propose une réflexion actuelle et pertinente sur les inégalités contemporaines, offrant une vision stimulante et inspirante pour ceux qui cherchent à comprendre et à transformer notre monde. Plongez dans ce voyage intellectuel, revisitez Rousseau et percevez la pertinence de sa pensée dans notre société d'aujourd'hui. Achetez votre exemplaire dès maintenant pour une exploration enrichissante de la philosophie de l'inégalité.

Also by Marien-Edgard Ngbali BEMI

Échos de l'Est de la République Démocratique du Congo : Poèmes
d'une Terre en Guerre Perpétuelle.
Ecos do Leste da República Democrática do Congo: Poemas de uma
Terra de Guerra Perpétua.

About the Author

Marien-Edgard Ngbali BEMI é professor de francês e coordenador da teoria do conhecimento na British International School Istanbul, na Turquia. Leccionou várias disciplinas escolares em diferentes países: República Democrática do Congo, Reino Unido e Turquia. Estudou na República Democrática do Congo, em Itália e no Reino Unido. Poliglota e falante de várias línguas, possui vários diplomas universitários, nomeadamente uma licenciatura em teologia e um duplo mestrado em filosofia e educação. É também autor de vários artigos e livros.